Marcelo Duarte

Um livro fechado para REFORMA

Ilustrações
Fábio Sgroi

PANDA BOOKS

Diretor editorial **Marcelo Duarte**
Coordenadora editorial **Tatiana Fulas**
Assistente editorial **Karina Danza**
Projeto gráfico e diagramação **Verbo e Arte Comunicação**
Impressão **Corprint**

CIP – BRASIL. CATALOGAÇÃO NA FONTE
SINDICATO NACIONAL DOS EDITORES DE LIVROS, RJ

D873l
Duarte, Marcelo, 1964-
Um livro fechado para reforma / Marcelo Duarte; ilustrações Fábio Sgroi. – São Paulo: Panda Books, 2009.

1. Literatura infantojuvenil. 2. Reforma ortográfica. 3. Língua Portuguesa – ortografia e silabação. I. Sgroi, Fábio, 1973-. II. Título.

CDD: 028.5
09-0905. CDU: 087.5

2009

Panda Books
Um selo da Editora Original Ltda.
Rua Henrique Schaumann, 286, cj. 41 – 05413-010 – São Paulo – SP
Tel./Fax: (11) 2628-1323
edoriginal@pandabooks.com.br
www.pandabooks.com.br

– Vamos, Beatriz, você está tranqüila demais! O nosso vôo sai daqui a duas horas...

– Calma, mãe! Ainda não resolvi que roupa usar. Ah, tive uma idéia. Onde você colocou o meu pára-quedas jeans? Há há há!

–Acordou bem-humorada, é? Vou preparar alguma coisa para comermos. Deixei os ovos no microondas... Quer comer uma fruta? Mamão, maçã, pêra...

– Acordou bem-humorada, é? Vou preparar alguma coisa para comermos. Deixei os ovos no microondas... Quer comer uma fruta? Mamão, maçã, pêra...

DESCULPE INTERROMPER SUA LEITURA...

– Acordou bem-humorada, é? Vou preparar alguma coisa para comermos. Deixei os ovos no microondas... Quer comer uma fruta? Mamão, maçã, pêra...

... MAS VAMOS TER QUE FECHAR ESTE LIVRO PARA REFORMA.
EI! PRECISAMOS COMEÇAR A REFORMA LÁ NA PÁGINA 3!

– Vamos, Beatriz, você está **tranqüila** demais! O nosso vôo sai daqui a duas horas...

– Calma, mãe! Ainda não resolvi que roupa usar. Ah, tive uma idéia. Onde você colocou o meu pára-quedas jeans? Há há há!

HUM, JÁ VI UM PROBLEMA ALI EM CIMA, LOGO NA PRIMEIRA LINHA. TIRE AQUELE TREMA.
TREMA?
É, AQUELES DOIS PONT NHOS EM CIMA DO "U" DE "TRANQUILA". O TREMA CAIU.
CAIU, NÃO, SENHOR. ELE AINDA ESTÁ LÁ. TÔ VENDO DAQUI!
ELE QUIS DIZER QUE O TREMA MORREU. NÃO EXISTE MAIS...
QUE TRISTEZA, QUE DÓ.

– Vamos, Beatriz, você está tranquila demais! O nosso **vôo** sai daqui a duas horas...

– Calma, mãe! Ainda não resolvi que roupa usar. Ah, tive u[...]eia. Onde você colocou o meu pára-quedas jeans? Há há há!

OUTRA MUDANÇA! AGORA TEMOS QUE TIRAR O CHAPÉU...
MAS EU JÁ TÔ SEM!
NÃO, O QUE ESTOU QUERENDO DIZER É QUE PRECISAMOS TIRAR O ACENTO CIRCUNFLEXO, O CHAPÉU, DE CIMA DE "VOO". QUANDO APARECER "OO" OU "EE" JUNTOS, ESQUEÇA O ACENTO.
VAMOS LOGO COM ISSO! ESTOU SENTINDO ENJÔO AQUI EM CIMA.
ÊPA! OUTRO ERRO! "ENJOO" TAMBÉM NÃO TEM MAIS ACENTO!

– Vamos, Beatriz, você está tranquila demais! O nosso voo sai daqui a duas horas...

– Calma, mãe! Ainda não resolvi que roupa usar. Ah, tive uma idéia. Onde você colocou o meu pára-quedas jeans? Há há há!

QUE QUARTO MAIS CAFONA O DESSA MENINA... HUUUMPHT! PRECISAMOS PINTAR AQUELA PAREDE DE OUTRA COR. QUE TAL DE COR DE ROSA?
NADA DISSO. SÓ FOMOS CONTRATADOS PARA FAZER A REFORMA ORTOGRÁFICA. PARA PINTAR A PAREDE, VAMOS TER QUE COBRAR UM EXTRA!
AH, ANTES QUE EU ME ESQUEÇA, COR-DE-ROSA CONTINUA COM OS HIFENS, TÁ?
VIXE, NÃO FOI SÓ O TREMA QUE CAIU...

– Vamos, Beatriz, você está tranquila demais! O nosso voo sai daqui a duas horas...

– Calma, mãe! Ainda não resolvi que roupa usar. Ah, tive uma **idéia**. Onde você colocou o meu pára-quedas jeans? Há há há!

RAPAZES, AGORA EU QUERO QUE VOCÊS TIREM O ACENTO DE "IDEIA". APROVEITEM E TIREM TAMBÉM AQUELES PÔSTERES DA PAREDE. SÃO HORRÍVEIS!
PRA QUE TIRAR O ACENTO? FICA TÃO BONITINHO ALI.
NAS PAROXÍTONAS, OS DITONGOS ABERTOS "EI" E "OI" PERDEM O ACENTO!
ISSO ACONTECE MUITO COMIGO NO LOTAÇÃO. EU LEVANTO PARA VER SE JÁ ESTOU CHEGANDO NO PONTO E TAMBÉM PERCO O ACENTO.
NÃÃÃÃÃÃOOO... NO ÔNIBUS, VOCÊ PERDE O *ASSENTO*!

– Vamos, Beatriz, você está tranquila demais! O nosso voo sai daqui a duas horas...

– Calma, mãe! Ainda não resolvi que roupa usar. Ah, tive uma ideia. Onde você colocou o meu **pára-quedas** j[illegible]s? Há há há!

TÁ VENDO O "PÁRA-QUEDAS" ALI?
ONDE? NO CÉU?
NÃO, NO TEXTO. TAMBÉM MUDOU. AGORA É ASSIM: PARAQUEDAS. SAI O HÍFEN E O ACENTO.

– Vamos, Beatriz, você está tranquila demais! O nosso voo sai daqui a duas horas...

– Calma, mãe! Ainda não resolvi que roupa usar. Ah, tive uma ideia. Onde você colocou o meu paraquedas jeans? Há há há!

QUANTA COISA JOGADA FORA, HEIN! ACHO QUE SÓ UMA CAÇAMBA NÃO VAI DAR PARA LEVAR TODO ESSE ENTULHO.
A GENTE PODIA, PELO MENOS, TROCAR ESSE GUARDARROUPA HORRÍVEL QUE ELA TEM...
VOCÊ DISSE "GUARDARROUPA"? NÃO É ASSIM QUE SE ESCREVE...
CLARO QUE É! PENSA QUE EU NÃO ESTUDEI TAMBÉM A REFORMA? QUANDO O PREFIXO TERMINA EM VOGAL E O ELEMENTO SEGUINTE COMEÇA COM CONSOANTE, O HÍFEN NÃO EXISTE MAIS. SE A CONSOANTE FOR "R" OU "S", ELA FICA DOBRADA.

– Vamos, Beatriz, você está tranquila demais! O nosso voo sai daqui a duas horas...

– Calma, mãe! Ainda não resolvi que roupa usar. Ah, tive uma ideia. Onde você colocou o meu paraquedas jeans? Há há há

MAS "GUARDA" NÃO É PREFIXO. É SUBSTANTIVO! PORTANTO, O CERTO É "GUARDA-ROUPA" MESMO!
AH, É? RE, RE... BEM, VAMOS DEIXAR DE PAPO... TEM MAIS COISA PARA CONSERTAR ALI NA OUTRA PÁGINA!

– Acordou bem-humorada, é? Vou preparar alguma coisa para comermos. Deixei os ovos no **microondas**... Quer comer uma fruta? Mamão, maçã, pêra...

ESTAMOS COM UM PROBLEMA NO "MICROONDAS"!
O QUE FOI? ELE NÃO ESTÁ ESQUENTANDO A COMIDA DIREITO?
NADA DISSO. AGORA MICROONDAS É SEPARADO POR HÍFEN. NAS PALAVRAS COMPOSTAS, QUANDO O PREFIXO TERMINA COM UMA VOGAL E O ELEMENTO SEGUINTE COMEÇA COM A MESMA VOGAL, PASSAMOS A COLOCAR O HÍFEN.
DEIXA COMIGO! EU DOU UMA QUEBRADINHA AQUI NA PALAVRA E DEPOIS COLOCO O HÍFEN RAPIDINHO...

– Acordou bem-humorada, é? Vou preparar alguma coisa para comermos. Deixei os ovos no **micro-ondas**... Quer comer uma fruta? Mamão, maçã, pêra...

AI, AI, AI! TINHA UM CANO AQUI ATRÁS DESSA PALAVRA. E AGORA? POR FAVOR, ALGUÉM ME DÊ UMA COLA PLÁSTICA E UM PEDAÇO DE CANO, SUPERRÁPIDO!
SE DEMORAR MUITO, ALÉM DO HÍFEN, VOU TER QUE USAR TAMBÉM UMA BOIA.
SÓ SE VOCÊ PROMETER SEPARAR O SUPER-RÁPIDO... COM OS PREFIXOS SUPER, HIPER OU INTER, SE O ELEMENTO SEGUINTE COMEÇAR COM R, A REGRA MANDA USAR HÍFEN.
MUITO BEM! BOIA SEM ACENTO!

– Acordou bem-humorada, é? Vou preparar alguma coisa para comermos. Deixei os ovos no micro-ondas... Quer comer uma fruta? Mamão, maçã, **pêra**...

AH, PÁRA UM POUCO, TÔ CANSADO!
ENTÃO, FECHE A BOCA. "PÁRA" NÃO TEM MAIS ACENTO. ALGUNS ACENTOS DIFERENCIAIS, QUE SÓ SERVIAM PARA MOSTRAR SIGNIFICADOS DIFERENTES PARA PALAVRAS ESCRITAS DA MESMA MANEIRA, TAMBÉM SUMIRAM! APROVEITE QUE VOCÊ ESTÁ AÍ E TIRE O CHAPÉU DE "PÊRA" AÍ EM CIMA.
SE NÃO FOR ATRAPALHAR, QUANDO FOR TIRAR O CHAPÉU, TIRE A CASCA TAMBÉM E ME DÊ UM PEDAÇO.

– Acordou bem-humorada, é? Vou preparar alguma coisa para comermos. Deixei os ovos no micro-ondas... Quer comer uma fruta? Mamão, maçã, pera...

ACHO QUE TERMINAMOS!
ENTÃO, VAMOS LIBERAR ESTE LIVRO. AGORA VOCÊ PODE CONTINUAR LENDO!
TEM CERTEZA DE QUE NÃO DEVEMOS, PELO MENOS, TROCAR AQUELE EDREDOM DO PIU-PIU DA PÁGINA 3?
NÃO, NÃO. TEMOS OUTROS LIVROS PARA REFORMAR. A REFORMA ENTROU EM VIGOR EM JANEIRO DE 2009 E TEMOS SÓ QUATRO ANOS PARA ARRUMAR TUDO!

– Vamos, Beatriz, você está tranquila demais! O nosso voo sai daqui a duas horas...

–Calma, mãe! Ainda não resolvi que roupa usar. Ah, tive uma ideia. Onde você colocou o meu paraquedas jeans? Há há há!

RE, RE... ESQUECI A ESCADA AQUI NA PÁGINA 3.

–Acordou bem-humorada, é? Vou preparar alguma coisa para comermos. Deixei os ovos no micro-ondas... Quer comer uma fruta? Mamão, maçã, pera...

UFA, CARREGAR ESSA ESCADA DE LÁ PARA CÁ JÁ ME DEU UMA TREMENDA DOR DE OMBRO. ACHO QUE VOU PRECISAR DE UM ANTIINFLAMATÓRIO...
ANTI-INFLAMATÓRIO AGORA TEM HÍFEN!
Ô, CARA CHATO!

REFORMA ORTOGRÁFICA

Bia Mendes*

Primeira missão... cumprida! Só que a nossa equipe de reforma tem muitos livros para serem consertados ainda. Desde janeiro de 2009 algumas palavras da língua portuguesa tiveram o jeito de escrever mudado. Umas ficaram sem acento, outras perderam o hífen, outras ganharam.

Você sabe por que isso aconteceu?

A reforma ortográfica da língua portuguesa foi elaborada para unificar a grafia das palavras nos oito países que falam português: Brasil, Portugal, Cabo Verde, Angola, Timor--Leste, São Tomé e Príncipe, Moçambique e Guiné-Bissau.

Não é a primeira vez que a língua portuguesa passa por uma mudança. A última tinha sido em 1971. Em todas as outras vezes muita gente ficou incomodada em ter que reaprender a escrever certas palavras. Mas não adianta reclamar. Temos que nos acostumar com as grafias novas. Para isso, a nossa equipe deu uma reformada no livro que você acabou de ler.

Tem algumas outras coisinhas que também mudaram. Não são tantas assim. Vamos ver?

- As letras *k*, *w* e *y* eram "clandestinas" na nossa língua, ou seja, não faziam parte oficialmente do alfabeto. Agora fazem. Então, nosso alfabeto passa a ser composto de 26 letras.
- O trema, aqueles simpáticos dois pontinhos em cima do *u*, desaparece. Passamos agora a comer *linguiça*, ver *pinguins* e ficar *tranquilos*. Mas nada de mudar o jeito de falar. O trema deve ser mantido em nomes próprios estrangeiros, como no nome da Gisele Bündchen.

- Alguns acentos existem na língua para diferenciar uma palavra de outra escrita da mesma forma mas com significado diferente. Eles são chamados de acentos diferenciais. Alguns agora não existem mais. Veja como era e como ficou:

ANTES	AGORA
pára (verbo)	para
pêlo (cabelo)	pelo
pólo (extremidade, jogo)	polo
pêra (fruta)	pera

Mas alguns acentos diferenciais continuam a existir, como é o caso de *pôr* (verbo), *pôde* (verbo *poder* no passado), *vêm* e *têm* (verbos *vir* e *ter* no plural). *Forma* e *fôrma* (onde a gente faz bolo) pode ser usada com acento e sem acento.

- O acento agudo (´) não existe mais nos ditongos abertos das palavras paroxítonas. Ih, ficou difícil, né? Vou explicar: o acento agudo cai quando os grupinhos *oi* e *ei* estão na mesma sílaba e são pronunciados abertos. Além disso, esses grupinhos só perdem o acento se a sílaba em que eles estão é a penúltima mais forte. Veja os exemplos de como era antes e como é agora, pois fica mais fácil entender:

ANTES	AGORA
idéia	ideia
heróico	heroico
bóia	boia
centopéia	centopeia

Mas atenção: as oxítonas continuam acentuadas: *herói, dói, caubói, anéis, papéis...*

- Os grupos *oo* e *ee* também perdem o acento. Agora escrevemos *enjoo, voo, zoo, creem, leem, deem* e *veem*. Nada mais de acento circunflexo em cima do primeiro *e* ou do primeiro *o*.

- O acento em cima do *u* tônico de algumas formas verbais também cai. Esse *u* faz parte dos grupos *gue, gui, que, qui*. Por exemplo: *apazigue, averigue, oblique*. (Essa regra não é tão difícil porque a gente usa muito pouco esses verbos.)

- O *u* e o *i* perdem o acento se precedidos de ditongos: *feiura, baiuca, bocaiuva, cauila, boiuno*. Cada palavra estranha, não? Pois elas existem... E agora não têm mais acento.

- A coisa complica mesmo na hora de falar do hífen. Esse tracinho que junta palavras geralmente causa muita confusão. E ele sofreu várias mudanças com as regras do novo Acordo. Mas isso não significa que ficou mais fácil usá-lo...

Aprenda, na tabela da página ao lado, como usar direitinho o hífen com os prefixos mais comuns da nossa língua.

- Algumas palavras compostas não têm mais hífen, como *paraquedas, paraquedismo* e *paraquedista*.

Todas as dúvidas que você tiver em relação à grafia de qualquer palavrinha da nossa língua podem ser resolvidas com a consulta ao *Vocabulário ortográfico da língua portuguesa*, o *Volp*, um grande e interessante livro que traz o registro de todas as palavras da língua portuguesa. Ele, mais do que qualquer dicionário, é o lugar onde encontramos a grafia oficial das palavras. Vale a pena dar uma olhadinha!

Até o final de 2012, as duas formas de escrita serão aceitas. Mas, quando começar 2013, esta será a única forma considerada certa. Pois é, tem uma pilha enorme de livros me esperando! Então, com licença, que preciso ir atrás da minha equipe de reforma.

Hífen

O uso do hífen muda com o novo Acordo.
O quadro abaixo mostra os prefixos em que o hífen deve ou não ser empregado.

Prefixos	Segundo elemento recebe hífen	Exemplos
aero, agro, alvi, ante, anti, arqui, auto, contra, des[2], eletro, entre, extra, foto, geo, hidro, in[1], infra, intra, macro, maxi, mega, micro, mini, moto, multi, nano, neo, pluri, poli, proto, pseudo, retro, semi, sobre, socio, supra, tele, tri, ultra, vaso, video	• iniciado por vogal igual à vogal final do prefixo • iniciado por *h*	anti-inflamatório, antissocial, arqui-inimigo, autoestima, autorretrato, autossuficiente, contrarregra, contra-ataque, extrasseco, infraestrutura, infravermelho, mega-amiga, micro-organismo, microssistema, mini-instrumento, minissaia, motosserra, multirracial, neonatal, proto-história, pseudociência, semiárido, semi-integral, sobre-humano
circum, pan	• iniciado por vogal • iniciado por *h*, *m*, *n*	circum-navegar, pan-americano
ciber, hiper, inter, super	iniciado por *h*, *r*	ciberespaço, interdisciplinar, super-homem
sob, sub	iniciado por *b*, *h*, *r*	subalugar, sub-reitor, sub-humano
mal[2]	iniciado por vogal ou por *h*	malsucedido, mal-estar, mal-humorado
co, re	iniciado por *h*	coautor, co-habitação, reavaliar, reescrever
além, aquém, bem[2], ex, pós[3], pré[3], pró[3], recém, sem, vice	sempre	bem-educado, pré-natal, pró-reitor, recém-nascido, sem-terra, vice-campeão

[1] não se usa hífen quando o segundo termo perdeu o *h* original: desumano, inábil

[2] usa-se o hífen quando formar com a outra palavra um adjetivo ou substantivo

[3] quando a pronúncia for fechada (pos, pre, pro), liga-se sem hífen ao outro termo: preencher, posposto (exceções: preaquecer, predeterminar, preestabelecer, preexistir)

Atenção: Quando a pronúncia exigir, dobram-se o *r* e o *s* do segundo termo.

* BIA MENDES é apaixonada por língua portuguesa. É formada em Inglês-Português pela Universidade de São Paulo e estudou Publishing na Universidade de Stanford, na Califórnia. Atualmente, trabalha como gerente de Serviços Editoriais, na editora Abril. É autora do livro *Cuidado com o coco – acentos, vírgulas e hifens no lugar certo* (Panda Books).

Marcelo Duarte

É jornalista e escritor. Ele nasceu em 31 de outubro, bem no dia em que se comemora o Dia das Bruxas. Escreveu a série O Guia dos Curiosos e também cinco livros da coleção Vaga-Lume. Como um bom curioso, ele estudou as regras do novo Acordo assim que o decreto foi publicado. Antes da reforma ortográfica, ele publicou *O guia dos curiosinhos – super-heróis* (o hífen permanece!) e *A mulher que falava pára-choquês* (êpa, agora para-choque não tem mais acento!).

Fábio Sgroi

Nasceu em 1973, na cidade de São Paulo. Entre seus principais trabalhos está a criação e produção da revista *Dr. Eco e Companhia*, no período de 1996 a 1999. Ilustrou, recentemente, diversos livros de sucesso, como *A incrível fábrica de cocô, xixi e pum*, *A mulher que falava para-choquês* e *ABC em Libras*. É autor de *O livro do lobisomem*, *Ser humano é...* e *Controle remoto*. Para conhecer mais trabalhos dele, acesse: www.fabiosgroi.com.br

FÁBIO, O QUE VOCÊ ESTÁ FAZENDO AÍ NO CHÃO?
AH, ESTOU PROCURANDO O ACENTO QUE CAIU DO PARA-CHOQUÊS!
A MULHER QUE FALAVA PARA-CHOQUÊS